LETTRE

D'UN MÉDECIN

DE

LA FACULTÉ DE PARIS,

A UN MÉDECIN

DU COLLEGE DE LONDRES;

Ouvrage dans lequel on prouve contre
M. MESMER, que le Magnétifme
animal n'exifte pas.

Qualibus in tenebris vitæ , quantifque periclis
verfamur , hoc ævi quodcumque eft.
LUCRET.

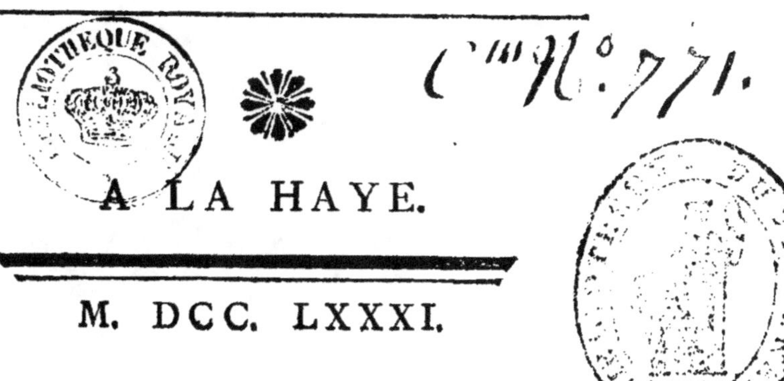

A LA HAYE.

M. DCC. LXXXI.

AVANT - PROPOS.

L'OBJET de cet écrit eſt de démontrer que le Magnétiſme animal, dont
M. Meſmer prétend avoir fait la découverte, n'eſt ni exiſtant, ni poſſible.

Peut-être ſe diſpenſeroit-on de le
publier, ſi l'on ne ſavoit que pluſieurs
perſonnes, ſéduites par la ſingularité du
ſyſtême de M. Meſmer, ont employé &
emploient encore, tous les jours, un
temps précieux, à chercher la route qui
doit l'avoir conduit au terme où il
annonce qu'il eſt arrivé.

Comme l'erreur dont il s'agit ici,
peut avoir l'influence la plus dange-
reuſe ſur les progrès, & même ſur la
pratique de la médecine, on a cru que
c'étoit faire une choſe, non ſeulement

utile, mais néceſſaire, que de la combattre ; & l'on ſe flatte qu'après avoir
lu les réflexions que contient cet Ouvrage, peu de gens feront tentés de
la défendre.

LETTRE

D'UN MÉDECIN

DE

LA FACULTÉ DE PARIS,

A UN MÉDECIN

DU COLLEGE DE LONDRES.

Vous me demandez, Monsieur, quelle est
ici l'opinion de nos Docteurs sur le Magnétisme animal; quels sont les fondements de
cette opinion; ce que c'est que ce Magnétisme, & s'il est vrai que M. Mesmer opere,
en l'employant, des cures véritables?

Les brochures publiées jusqu'à présent
contre M. Mesmer, soit en France, soit en
Allemagne, ne vous paroissent pas assez
profondément raisonnées pour déterminer
irrévocablement votre maniere de penser sur

A iij

le compte de cet homme fameux. Vous trou-
vez abfurde que des hommes qui n'ont ni
vu, ni voulu voir, s'obftinent à nier ce que
d'autres ont vu, & ce qu'ils peuvent eux-
mêmes voir tous les jours. M. Mefmer annonçant une découverte qui peut influer de la
maniere la plus univerfelle fur les progrès des
connoiffances humaines ; offrant de conftater
cette découverte par des expériences publiques ; demandant à former des Eleves
capables de la manier & de la répandre :
M. Mefmer ayant une réputation à conferver, & fe plaçant volontairement dans la
fituation la plus propre à la perdre, s'il ne
la mérite pas, vous paroît être en droit d'exiger au moins qu'on ne le juge pas fans l'entendre ; & il vous femble que ce n'étoit pas
par de triftes farcafmes, ou de ridicules im-
putations, qu'il convenoit de lui répondre (1).

Si je vous ai bien lu, Monfieur, voici, je
crois, à quoi peuvent fe réduire tous les
doutes que vous me propofez.

Ou M. Mefmer eft un impofteur, & il faut
le punir ; ou il eft un enthoufiafte, & il faut

____

(1) Voyez la brochure qui a pour titre, *Miracles de M. Mefmer*, Ouvrage que tout Paris a cru plaifant.

le plaindre; ou il eſt un homme vrai, & il faut l'écouter.

Mais, en premier lieu, ſi M. Meſmer eſt un impoſteur, ou un enthouſiaſte, pourquoi, parmi ſes nombreux adverſaires, aucun n'a-t-il oſé lui dire publiquement : je vais vous prouver que vous vous êtes trompé, ou que vous voulez tromper? Pourquoi aucun n'a-t-il oſé lui conteſter d'une maniere férieuſe la vérité des effets qu'il peut produire? On a raiſonné ſur la poſſibilité, ſur les cauſes de ces effets, mais on ne s'eſt pas aviſé d'en nier formellement l'exiſtence. Pourquoi encore, & ceci eſt remarquable, aucun n'a-t-il aſſez compté ſur ſes propres forces pour courir avec lui les riſques d'un combat régulier? On l'a décrié dans les Sociétés ſavantes, dans les Journaux, dans les cercles ; mais on n'a pas accepté les défis qu'il a propoſés, mais on a évité toutes les manieres de ſe compromettre avec lui, & ce n'a jamais été que loin du champ de bataille qu'on a préſagé ſa défaite, ou qu'on lui a conteſté ſes victoires.

En ſecond lieu, ſi M. Meſmer eſt un impoſteur ou un enthouſiaſte, que faut-il penſer des Docteurs, qui, pendant huit mois, l'ont fuivi dans le cours de fes expériences ? Parmi ces Docteurs, un feul a rendu compte de ce qu'il a vu, les autres ont gardé le filence. Si ceux-là ont vu comme leur Confrere, que ne parlent-ils ? S'ils n'ont rien vu, que ne parlent - ils encore ? M. Mefmer, opérant fur la vie des hommes, ne peut être un fimple objet de curiofité. Aux yeux de ces Docteurs, qui s'obftinent à fe taire, il eft ou un homme utile, ou un homme dangereux. S'il eft un homme dangereux, pourquoi n'ont-ils pas éclairé le Public fur fes preftiges ? S'il eft un homme utile, que faut-il penfer de leur filence ? Qu'on raifonne comme on voudra, ou ils n'ont pas dû approcher de M. Mefmer, ou à l'inftant qu'ils l'ont abandonné, ils ont dû le faire connoître tel qu'il eft, tel qu'il s'eft développé devant eux ; annoncer des doutes, s'ils ont eu des doutes ; s'exprimer avec franchife fur le mérite de fa découverte, s'ils ont cru fa découverte véritable ; mais, encore une fois, ils n'ont pas dû fe taire, & cependant ils fe font tus. Car ce n'eft pas parler, que de femer en fecret des foupçons fur le compte d'un homme avec lequel on craint d'entrer en lice ; que de s'éloigner de lui pour le calomnier, après s'en être approché pour le furprendre. Ce n'eft pas parler, que de répandre avec myftere, dans les Corps littéraires dont on difpofe, une opinion qu'on ne fauroit affez publier ; que d'emprunter la plume de quelques hommes qui n'ont pas voulu voir, pour établir que foi-même on n'a rien vu. Ainfi donc ils n'ont pas parlé ; & ce qu'on diffimuleroit en vain, c'eft que M. Mefmer étant étranger, fans relations, fans appui ; ne pouvant dès-lors leur infpirer aucune crainte, il eft impoffible de fuppofer à leur filence d'autres motifs que l'envie, l'intérêt perfonnel, ou la mauvaife foi.

Enfin, fi M. Mefmer eft un impofteur ou un enthoufiafte, quelle idée faut-il fe former de fa conduite ? Sans avoir égard aux circonftances dont il eft environné, fans ménager les préjugés qu'il veut détruire, jaloux uniquement de répandre fa doctrine, un enthoufiafte n'a qu'une marche, & cette marche eft impétueufe & précipitée ; il ne connoît qu'une route, parce qu'il n'apperçoit qu'un objet ; & le moment où il doit opérer la révolution qu'il médite, n'eft jamais trop voisin de lui. Plus adroit dans ses moyens, plus froid, plus tranquille, mais connoissant tout le prix du temps; mais sachant que toute erreur qui n'a pour base qu'une illusion de nos sens, n'est pas une erreur durable; un imposteur qui ne sait opérer que des prestiges, profite de la confiance momentanée qu'il inspire; il se hâte de faire des dupes, & plus il en rassemble, plus il approche du terme auquel il lui importe d'arriver.

Or si c'est ainsi qu'agissent l'enthousiasme & l'imposture, que faut-il donc penser de M. Mesmer? Sa marche est absolument géométrique, & il est impossible d'en imaginer une qui suppose plus de désintéressement & de modération. Comme sa doctrine est étrangere à toutes les doctrines reçues, comme elle heurte d'une maniere trop directe des préjugés d'autant plus difficiles à détruire, qu'ils ont leur germe dans la science même qu'il veut épurer, il a senti que, s'il présentoit son systéme comme une simple opinion, ce systéme seroit à peine remarqué parmi tant d'opinions qui se combattent & se détruisent tous les jours; qu'il convenoit donc, avant de le développer dans toute son étendue, d'en consi-

tater la vérité par des faits ; & il a cherché
à fe placer dans des circonftances où il pût
donner aux faits qu'il fe propofoit de raf-
fembler, toute l'authenticité dont ils font
fufceptibles.

Une cabale d'autant plus dangereufe, qu'elle
manie l'opinion avec cent mille bras, s'eft éle-
vée contre lui, non pas pour le combattre,
mais pour le perdre. Seul contr'elle, il a com-
pris qu'il feroit de vains efforts pour lui
réfifter. Certain que dans d'autres lieux &
parmi des hommes moins frivoles, & moins
dominés par l'ufage & le préjugé, il lui feroit
toujours facile de fe faire entendre, il s'eft
condamné parmi nous au filence le plus ab-
folu. Obftiné à ne plus traiter d'autres malades que ceux auxquels il donne depuis
long temps fes foins, malgré les follicita-
tions les plus puiffantes, les plus nombreufes
& les plus vives, on le voit perfifter, avec
une opiniâtreté bien inconcevable, à ne point
faire ufage de la confiance qu'il infpire, &
réfifter à toutes les occafions particulieres de
gloire ou de fortune qui lui font offertes.
Cette marche, encore une fois, eft-elle donc
celle d'un homme qui eft féduit ou qui veut
tromper ?

Ainfi donc il n'eft pas démontré que M. Mefmer foit un impofteur ou un enthoufiafte. Il eft donc poffible qu'il foit un homme vrai. Mais s'il eft un homme vrai, quelle opinion doit-on fe former de fa découverte?

Certes c'eft une découverte immenfe que celle qui raffemble dans un feul fait tous les faits de la Nature ; qui, dans un feul phénomene, offre tout le fyftême de fes loix; qui lie, non pas par des abftractions, mais par des expériences, cette foule de vérités phyfiques, que depuis fi long temps, & toujours fi vainement, nous nous efforçons d'enchaîner & de mettre enfemble.

C'eft une découverte bien précieufe que celle qui, après tant de théories incertaines, fournit enfin des principes inconteftables au plus utile comme au plus dangereux de tous les Arts, celui de conferver & de guérir ; qui, dans une fcience, jufqu'à préfent conjecturale, offre des routes lumineufes, où nous n'appercevions que des fentiers obfcurs ou d'inévitables écueils ; qui ôte à l'homme l'empire qu'il s'étoit donné fur la vie & la mort, la fanté & la maladie, & le tranfporte tout entier à la Nature , dont l'homme en effet ne doit être que le miniſtre ; qui , en un mot, s'il faut tout dire , nous diſpenſe de deviner , quand la vérité nous abandonne & nous fouſtrait à la cruelle néceſſité de tromper avec méthode , de mettre nos erreurs en théorême , & de ſauver à chaque inſtant la foibleſſe du fonds , par le myſtere & la dignité de la forme.

Or telle eſt la découverte de M. Meſmer. Qu'on liſe avec attention les propoſitions qu'il a publiées ; qu'au lieu de s'attacher à examiner combien elles ſont étrangeres aux connoiſſances que nous avons acquiſes, on parcoure le cercle immenſe de phénomenes qu'elles embraſſent ; qu'on obſerve que, dans le ſyſtême qu'elles forment entr'elles , il n'eſt aucun des procédés de la Nature qui échappe ou qui puiſſe échapper à leur Auteur; & ſi l'on eſt de bonne foi, on conviendra qu'on n'a point offert juſqu'ici à la curioſité humaine, de découverte plus étonnante , plus univerſelle & plus utile.

Comment donc eſt - il arrivé que les Savants ne l'aient pas accueillie ? Vous n'êtes point étonné, Monſieur, que les Académies n'aient pas cru devoir s'en occuper. Ce n'eſt pas dans de telles ſociétés que ſe préparent, ſelon vous, les révolutions avantageuſes au progrès des Sciences. Il n'y a guere que l'homme qui s'iſole, qui penſe à part, qui ſe conſerve indépendant des opinions & des coutumes de ſon ſiecle, qui ait le courage de ſaiſir & d'annoncer une vérité hardie. Par-tout où les hommes ſont enſemble, il ſe forme des mœurs, des habitudes, des bienſéances communes; l'eſprit & le caractere perdent de leur reſſort; on n'oſe rien, parce qu'on ne fait plus rien qu'en troupe, la prudence remplace l'énergie; on s'occupe plus de conſerver que d'acquérir; & ce n'eſt que lorſqu'une vérité eſt devenue triviale, qu'on l'ajoute au dépôt des vérités connues. Mais, hors des Académies & loin des pré-jugés qu'elles enfantent, il eſt encore même parmi nous des hommes, qui, échappant à l'empire de la mode, emploient tout leur loiſir & toutes leurs forces à étendre le domaine des Sciences. Pourquoi ces hommes n'ont-ils pas parlé? Pourquoi M. Meſmer n'a-t-il trouvé parmi eux qu'un ſeul Apologiſte? Comment, annonçant d'importantes vérités,

offrant de les démontrer par des faits, c'est-
à-dire de les appuyer fur des preuves qu'il
eft impoffible de contefter ; comment n'a-t-il
rencontré par-tout que des contradicteurs ou
des incrédules ? Il avoit d'abord excité la
curiofité , l'enthoufiafme même ; pourquoi
cette curiofité , cet enthoufiafme ont-ils
ceffé ? Eh ! n'eût-il annoncé qu'une erreur ,
cette erreur étoit fi grande , fi impofante ,
elle embraffoit de fi vaftes découvertes , elle
tenoit par de fi profondes racines à toutes
les branches du fyftême du monde , elle fe
développoit fous un point de vue fi inté-
reffant pour l'humanité toute entiere , qu'il
étoit encore beau de la foutenir , ou du
moins qu'il n'y avoit point de foibleffe à fou-
haiter qu'elle devînt une vérité.

VOILA bien des queftions , Monfieur :
fi , pour y répondre , il me falloit entrer
dans tous les détails qu'elles fuppofent , j'aurois un trop grand nombre de faits à raffem-
bler ; & le réfultat que je vous préfenterois ,

né vous offriroit peut-être rien d'aſſez déciſif pour déterminer votre jugement.

Mais il me ſemble que j'aurai ſatisfait à toutes vos demandes, ſi, laiſſant là des faits qui peuvent être conteſtés, je réuſſis à vous démontrer:

1°. Que le Magnétiſme animal n'eſt pas poſſible;

2°. Que lors même qu'il ſeroit poſſible, il n'exiſte pas;

3°. Que lors même qu'il exiſteroit, on ne pourroit l'admettre ſans imprudence & ſans danger.

Alors, Monſieur, vous concevrez pourquoi M. Meſmer n'a joui, parmi nous, que d'une réputation éphémere; l'opinion de nos Savants, ſur le mérité de ſa découverte, vous ſera connue : vous verrez que cette prétendue découverte n'eſt pas une vérité utile, qu'elle n'eſt pas même une grande erreur, & vous ne nous ferez plus un crime de notre indifférence.

I°. I L faut être de bonne foi; tout n'eſt pas faux ou ridicule dans le ſyſtême de M. Meſmer (2).

____

(2) V. le Mémoire de M. Meſmer, ſur le Magnétiſme animal.

Si

Si rien n'eſt iſolé dans la Nature, ſi l'on n'y apperçoit pas un ſeul phénomene qui ne ſoit l'effet d'une cauſe, & qui ne devienne une cauſe à ſon tour; ſi même il eſt impoſſi-ble d'y concevoir un être n'obéiſſant qu'à des loix particulieres, parmi d'autres êtres que des loix générales déterminent, on ne peut guere douter, comme l'avance M. Meſ-mer, comme tant de Phyſiciens éclairés ont eſſayé de le démontrer avant lui, qu'il n'y ait une influence univerſelle & réciproque entre tous les corps qui ſe meuvent dans l'eſpace, à quelque diſtance qu'on les ſup-poſe placés les uns des autres.

C'eſt dès-lors une choſe vraie que ce fluide ou cet élément dont parle M. Meſmer, & qu'il conſidere comme le moyen de cette influence. Qu'on admette telle hypotheſe qu'on voudra, il eſt impoſſible de prouver que deux corps ſéparés par un intervalle quelconque, puiſſent agir l'un ſur l'autre, ou obéir à une même action, ſi on ne les ſuppoſe plongés dans un élément commun, dans un élément ſuſceptible de recevoir toutes les impreſſions du mouvement, pour les communiquer & les répandre.

B

Mais cet élément qu'on peut confidérer comme l'océan des êtres, ce fluide dans lequel & par lequel tous les corps font modifiés, obéit-il en effet au mouvement alternatif qu'on lui attribue (3)? Eft-ce par ce mouvement alternatif que s'operent toutes les relations d'activité qui exiftent entre les corps céleftes, la terre & fes parties conftitutives? Les propriétés de la matiere, quelque variées qu'elles foient, ne réfultent-elles, comme on le prétend, que de cette premiere action de la Nature? Eft-il vrai fur-tout qu'on peut imiter cette action, la renforcer, la propager à fon gré, précipiter ainfi la marche de tous les phénomenes, & hâter dans tous les êtres les révolutions dont ils font fufceptibles?

Je ne veux rien diffimuler. Si l'on admet l'exiftence du fluide de M. Mefmer, le mouvement alternatif qu'il lui attribue, n'eft rien moins qu'invraifemblable. Comme je l'ai dit, il n'y a pas de fait ifolé dans le

---

(3) M. Mefmer prétend que rien ne s'opere dans le fyftême du monde que par un mouvement alternatif, femblable à celui des eaux de l'Océan. Voyez fon Mémoire fur le Magné-tifme animal, p. 75.

fyftême du monde. Or de tous les faits que ce fyftême raffemble , il n'en eft point de plus confidérable , & dont l'influence dès - lors foit plus univerfelle & plus profonde que le flux & reflux, qui agite , par un mouvement alternatif , la maffe des eaux de l'Océan. Une analogie conftante entre les révolutions que fubiffent la plupart des corps organifés, & les périodes d'accroiffement ou de décroiffement de ce fingulier phénomene ; une analogie non moins conftante entre ces mêmes périodes d'accroiffement & de décroiffement, & les périodes de tous les autres grands phénomenes que nous offre la Nature ; tout annonce , tout prouve même que le mouvement de l'Océan s'étend & fe reproduit bien au-delà des bornes fenfibles qui paroiffent lui être affignées.

Or fi, d'une part, il eft vrai que le mouvement le plus général que nous connoiffions , eft celui auquel la maffe des eaux de l'Océan obéit , fi même on ne peut s'empêcher de regarder ce mouvement comme le principe de toutes les révolutions que fubiffent les corps organifés ou inorganifés que le fyftême de notre monde embraffe :

B ij

Si, d'autre part, il eft certain que la Nature n'agit fur les êtres & n'entretient leur
influence mutuelle qu'au moyen du fluide
dont nous avons parlé, il faut bien dire,
comme M. Mefmer, que le mouvement
qu'elle imprime à ce fluide, eft abfolument
le même que celui qu'elle imprime à l'Océan
& par lequel nous voyons qu'elle opere ici-
bas tous fes phénomenes.

Car on ne peut fuppofer, fans contradiction, qu'un fluide dans lequel tous les corps
font plongés, par lequel toute action eft exercée ou produite, dans le mouvement duquel
il faut aller chercher la raifon de tous les
effets, de toutes les modifications, de toutes
les formes, puiffe obéir à un mouvement
oppofé à celui qui eft inconteftablement, dans
notre fyftême, la caufe de tous les effets,
de toutes les modifications, de toutes les
formes.

Cela pofé, comme les modifications des
corps ne font que le produit du mouvement,
comme les propriétés de la matiere ne font
que le réfultat de fes modifications, dès
qu'on a prouvé que le fluide dans lequel &
par lequel tout eft modifié, obéit à un mou-

vement'alternatif, il eft vrai de dire , & l'on a néceffairement prouvé que la matiere doit à ce mouvement toutes les modifications qu'elle reçoit , & toutes les propriétés que ces modifications enfantent.

On conçoit alors que s'il exiftoit un homme qui eût apperçu le fluide répandu dans l'efpace , s'il avoit vu ce fluide fe mouvoir , s'il avoit trouvé non feulement la loi principale en conféquence de laquelle il fe meut, mais encore toutes les loix particulieres qui dépendent de cette premiere loi , perfonne mieux que lui ne pourroit rendre raifon de tous les phénomenes de la Nature, jeter plus de jour fur les régions encore ténébreufes de la phyfique, & nous fournir une théorie du monde plus fatisfaifante & plus vraie.

On conçoit encore que fi cet homme étoit parvenu à s'emparer de ce fluide, s'il favoit en concentrer, en étendre & en diriger l'action , il pourroit opérer comme la Nature elle-même ; modifier, entretenir , conferver à fon exemple ; qu'en appliquant ainfi fa découverte aux corps organifés , il produiroit dans la Médecine une révolution auffi prompte qu'abſolue ; que pour lui il n'y auroit véritablement qu'un remede, parce qu'il n'y auroit & qu'il ne pourroit y avoir qu'une maladie. Une maladie ne ſeroit autre choſe qu'un obſtacle à l'action du fluide qu'il auroit découvert; le remede ne ſeroit que la deſtruction de l'obſtacle en augmentant l'action ordinaire du fluide (4).

(4) Ce ne ſeroit peut-être pas toujours en augmentant ſimplement l'action ordinaire de ſon fluide que M. Meſmer opéreroit une révolution dans les corps organiſés : il nous dit quelque part *qu'il ſe manifeſte particuliérement dans le corps humain des propriétés analogues à celles de l'aimant ; qu'on y diſtingue des pôles également divers & oppoſés , qui peuvent être communiqués , changés , détruits , renforcés; que le phénomene même de l'inclinaiſon y eſt obſervé.* On ſent que ſi tout cela eſt vrai, la faculté d'avoir des pôles mobiles devenant une des propriétés eſſentielles du corps humain, celui qui peut déplacer ces pôles ou les renforcer à ſon gré, doit pouvoir auſſi , quand il en eſt beſoin , opérer dans notre organiſation les changements les plus extraordinaires & les plus heureux.

Au reſte j'avoue qu'avant que la fauſſeté de la doctrine de M. Meſmer me fût démontrée, rien ne m'avoit tant frappé dans ſon ſyſtême que cette analogie qu'il prétendoit avoir apperçue entre les propriétés de l'aimant & celles du corps animal : j'étois même ſurpris qu'une découverte ſi ſinguliere n'eût pas excité la curioſité de nos Savants. Aujourd'hui je conviens qu'ils ont bien fait d'attendre que le temps leur eût appris ce qu'ils devoient en penſer ; & je commence à croire que plus une opinion eſt étrangere aux opinions reçues,& moins, quelque ſéduiſante qu'elle ſoit, il faut s'empreſſer de l'accueillir.

La Médecine n'eſt conjecturale que parce que nous connoiſſons très-imparfaitement la maniere dont les corps agiſſent les uns ſur les autres, & quel eſt, dans toutes les circonſtances données, le produit de leur action.

Si M. Meſmer a ſurpris à la Nature ſon ſecret, s'il connoît l'Agent qu'elle emploie pour modifier tous les corps, s'il peut nous donner une théorie vraie des loix du mouvement, & nous compoſer, ſans recourir à des qualités occultes ou de vaines abſtractions, un ſyſtême du monde dont il puiſſe démontrer la vérité par des faits : comme nous obéiſſons uniquement aux loix de ce ſyſtême, comme il peſe ſur nous & nous modifie dans tous les ſens, je l'avoue, M. Meſmer a trouvé un autre art de guérir, bien plus certain que celui que nous avons juſqu'à préſent pratiqué. La Médecine devient, entre ſes mains, une ſcience véritable. Tout y eſt démontré comme en Géométrie. La ſanté, la maladie, n'étant qu'une maniere d'être des corps organiſés, dès qu'il peut changer cette maniere d'être, comme la Nature la change & par les mêmes voies, il lui eſt impoſſible de ne pas apprécier avec jufteffe les moyens qu'il met en œuvre pour opérer une guéri-fon : le lieu du mal qu'il veut détruire, lui eft infailliblement connu ; tout pour lui devient méchanique ; & l'action du remede qu'il emploie, eft calculée comme une force qu'il oppofe à une réfiftance.

Mais, Monfieur, croirai-je qu'une telle découverte foit poffible ? L'expérience de plufieurs fiecles n'a-t-elle pas dû nous apprendre que fi l'homme peut acquérir autour de lui un petit nombre de vérités utiles, toutes les fois qu'il veut étendre fes fpéculations au-delà de fes befoins naturels, ou exercer fa curiofité fur d'autres objets que ceux qu'il eft donné à tous de voir, de toucher ou de connoître, il ne fait que d'inutiles efforts, & retourne, après de longues erreurs, au point d'où il étoit parti ? Que nous refte-t-il aujourd'hui de toutes ces théories brillantes, de tous ces fyftémes fur l'univerfalité & l'enchaînement des êtres, qui atteftent d'une maniere fi folemnelle, la patience & l'audace de l'efprit humain ? Rien autre chofe que la certitude morale, que jamais nous ne parviendrons à connoître & encore

moins à imiter l'action des premieres caufes,
fur cette maffe d'effets que notre curiofité
raffemble. Eh! ne voyez-vous pas que s'il
nous étoit donné de connoître, & fur-tout
d'imiter cette action, rivaux de la Nature, non
feulement nous opérerions comme elle, mais
nous pourrions encore, à notre gré, gêner,
interrompre, contrarier fa marche, & porter
ainfi le trouble dans le fyftême néceffairement calculé de fes révolutions? Ne fentez-
vous pas que précifément, parce que la découverte de M. Mefmer eft immenfe, parce
qu'elle donne à l'homme, c'eft-à-dire à un
être qui abufe de tout, cette même puiffance
avec laquelle tout s'entretient & fe régénere;
ne fentez - vous pas qu'il eft impoffible
qu'elle foit vraie? qu'il faut d'autant moins
l'admettre, que la route que M. Mefmer a
parcourue pour y parvenir, eft loin de toutes
les routes dans lefquelles on a jufqu'ici rencontré quelques vérités. Car enfin les vérités
forment une chaîne, & ce n'eft pas en s'éloi-
gnant de celles qu'on connoît, qu'on peut ef-
pérer de découvrir celles qu'on ignore. Or
je défie, & M. Mefmer ne le prétend pas,
qu'on puiffe appercevoir aucun rapport entre

les vérités nouvelles qu'il annonce, & celles qui ont formé jufqu'à préfent le fyftème de nos connoiffances.

Je fens bien, Monfieur, que ce raifonnement ne fera pas grande impreffion fur vous qui obéiffant à une légiflation hardie, vivez parmi des hommes qui admirent les écarts du génie comme ils applaudiffent aux excès de la liberté. Vous ne pourrez pas vous perfuader, comme nos Savants, que parce qu'une découverte eft vafte, elle eft fauffe ; que parce qu'on peut en abufer, il convient d'en contefter l'exiftence : avec de tels principes, vous trouverez qu'il n'eft pas de vérités phyfiques qu'il ne faille rejeter; qu'on feroit bien fondé, par exemple, à nier les propriétés du feu, de la lumiere, de l'électricité, parce qu'en doublant, en combinant l'action de ces agents, il eft très-poffible d'opérer tous les jours des effets funeftes. Peut-être même appercevrez-vous de la contradiction dans la maniere de faire de nos Docteurs, qui, tandis qu'ils foutiennent qu'on ne peut s'élever aux premieres caufes des phénomenes, épuifent cependant toutes les reffources du raifonnement & de l'expérience pour les découvrir; qui ne veulent pas que M. Mesmer puisse disposer d'un Agent universel, parce qu'il l'applique à l'art de guérir; & qui permettent au sieur Comus d'imprimer & de faire croire qu'il a trouvé cet Agent, parce qu'il n'en dispose que pour amuser.

Eh bien ! Monsieur, je veux avec vous que ces réflexions soient vraies; je veux qu'avec plus d'audace dans l'esprit, une maniere d'être plus énergique, nous puissions devenir à la fois, & plus téméraires & plus crédules, il n'en résulteroit encore rien d'avantageux pour M. Mesmer. Voici deux observations décisives que vous ne connoissez pas sans doute, & que sûrement vous n'essaierez pas de combattre.

Première Observation. Le systême de M. Mesmer est composé de parties si bien liées entr'elles, que prouver qu'il est faux dans un seul point, c'est établir sa fausseté dans tout le reste. Or M. Mesmer réduit toutes les maladies à une seule, & soutient qu'il n'y a qu'un remede vraiment efficace pour les guérir. Si cela est, le premier remede avec lequel on a guéri une maladie, a dû nécessairement les guérir toutes. Mais l'expérience nous apprend qu'un remede qui convient à une maladie, peut accroître les dangers d'une autre ; qu'il y a prefque autant de moyens de guérir que de manieres de fouffrir. Il eft donc démontré par le fait qu'une maladie unique & un remede unique, font des chofes impoffibles, & qu'un fyftême qui conduit à un tel réfultat, s'il contient quelques vérités, n'en eft pas moins infoutenable.

SECONDE OBSERVATION (5). M. Mefmer n'opere une révolution dans les corps organifés qu'en augmentant dans fon propre corps l'action du fluide dont il difpofe, & en la communiquant ainfi augmentée aux individus qui l'environnent. Or pour ces individus une telle action n'eft pas indifférente ; comme tout autre remede, elle doit produire un trouble dans leur organifation, qui, s'il étoit prolongé, pourroit lui devenir funefte ; ce trouble, elle doit donc le produire auffi dans l'organifation de M. Mefmer. Il y a donc long temps que M. Mefmer auroit dû ceffer

---

(5) Voyez l'Ouvrage de M. de Horn, qui a pour titre, *Lettre d'un Médecin de Paris à un Médecin de Province*, Ouvrage qui a dû coûter prodigieufement à fon Auteur, & qui feroit excellent, fans les contradictions innocentes dont il eft rempli.

d'être, fi fa découverte étoit véritable ; car on ne conçoit pas que, tourmenté depuis plufieurs années par une action dont le propre eft de détruire, il puiffe fe conferver en s'y foumettant tous les jours. Cependant M. Mefmer eft plein de vie. Donc fon fluide, & toutes les propriétés qu'il lui attribue, ne font que des chimeres.

Qu'oppoferez-vous à ces obfervations, Monfieur ? Rien, j'en fuis fur ; & cependant comme on répond à tout, vous imaginez bien qu'on n'a pas négligé d'y répondre. Mais qu'a-t-on dit?

En premier lieu, qu'il eft faux que nous ayons jamais guéri perfonne ; que c'eft la Nature qui a toujours guéri à côté de nous & malgré nous ; que parmi les remedes que nous employons & dont nous ferions bien en peine de déterminer les effets, il en eft beaucoup de dangereux, & prefque aucun qui ait une utilité conftante & réelle ; que ceux qui font dangereux, ne nuifent que parce qu'ils empêchent ou qu'ils interrompent l'action du Magnétifme animal fur le corps humain ; que ceux qui font utiles, ne fervent que parce qu'ils concourent à cette même action ; que c'eſt donc toujours le Magné-tiſme animal qui guérit ; que l'idée d'un remede unique , n'eſt donc pas une idée ridicule ; qu'il eſt bien étonnant qu'on ne veuille pas concevoir , que des êtres qui n'arrivent à l'exiſtence & qui ne ſe conſervent qu'en vertu d'une loi ſimple & unique , ne peuvent auſſi ſe rétablir , lorſque leur organiſation eſt vi-ciée , que par la même loi qui les fait exiſter & qui les conſerve ; qu'enfin il eſt abſurde d'oppoſer à un ſyſtème dont on offre de démontrer phyſiquement la vérité , non pas l'expérience raiſonnée de pluſieurs ſiecles, mais une routine aveugle qui n'a pour baſe que quelques faits iſolés dont on n'apperçoit ni les premieres cauſes, ni la mutuelle dépen-dance.

En ſecond lieu , quant à M. Meſmer qu'a-t-on repliqué ? Que le fluide qu'il met en œuvre ne détruit que les obſtacles qui s'op-poſent à ſon action ; que dans un corps ſain , ce fluide ne rencontre aucun obſtacle, qu'il ne peut donc y porter aucun trouble ; que ſon principal effet eſt de hâter les criſes de la Nature , mais qu'il n'eſt point la matiere de ces criſes , ou qu'il ne les excite point quand le levain qui doit les produire n'exifte pas ; qu'ainfi fon action eft abfolument indif-férente fur un individu qui n'eft pas malade ; que M. Mefmer ne court donc aucun rifque à s'y foumettre ; & qu'après tout il y a de l'extravagance à s'appuyer fur des conjectures tirées de la maniere d'être phyfique de M. Mefmer , pour fe difpenfer de croire à des effets dont la vérité peut être conftatée tous les jours (6).

Oh ! certainement, Monfieur , fi quelque chofe prouve combien mes deux obfervations font fondées : c'eft une maniere de raifonner tout à la fois fi fauffe & fi ridicule ; je ne vous ferai pas l'injure de croire qu'elle puiffe vous féduire un inftant, & que vous ayez befoin d'un fecours étranger pour échapper à des fophifmes tiffus avec fi peu d'art & tant de mauvaife foi.

Mais , Monfieur , fi mes deux obfervations font vraies , comme elles font appuyées fur

____

(6) Je dois avertir que ce n'eft pas à M. Mefmer , mais à quelques-uns de fes partifans qu'on doit cette derniere ré-ponfe. Jufqu'à préfent M. Mefmer n'a pas cru devoir expliquer la maniere dont le Magnétifme animal agit fur fon orga-nifation.

des faits incompatibles avec la poſſibilité de la découverte de M. Meſmer, il eſt évident que ſa découverte n'eſt qu'une chimere.

Ma premiere propoſition eſt donc inconteſtable, ou, ce qui eſt la même choſe, il eſt démontré que le Magnétiſme animal n'eſt pas poſſible. Je viens à ma ſeconde propoſition, c'eſt-à-dire que je vais prouver, que, lors même que le Magnétiſme animal ſeroit poſſible, il eſt toujours certain qu'il n'exiſte pas.

II°. Vous trouverez ici, Monſieur, nos Docteurs convaincus comme vous, qu'il n'eſt point d'art dont les procédés ſoient plus incertains, où l'on s'accorde moins ſur les méthodes, où les principes même ſoient moins déterminés que celui de la Médecine. S'ils n'ont pas aſſez de bonne foi, ou plutôt aſſez d'imprudence pour faire, d'une maniere publique, l'aveu de leur impéritie, vous les verrez gémir en ſecret ſur l'impuiſſance où ils ſe trouvent de répondre à la confiance qu'ils inſpirent ; s'étonner de ce que les lumieres qu'ils raſſemblent, les éclairent moins ſur les maux qu'ils peuvent guérir, que ſur les fautes qu'ils peuvent commettre ; s'affliger

ger fur-tout de ce que, parmi les plus grands
motifs d'inquiétude & de filence, il ne leur eft
prefque jamais permis d'héfiter ou de fe taire.

Appellés, chaque jour, pour prononcer
fur des effets dont la caufe leur échappe, chaque jour, ils fe voient réduits à la néceffité
malheureufe de corriger la Nature, qu'ils ne
connoiffent point, par les procédés d'un Art
qu'ils ne connoiffent pas davantage. Chaque
jour ils ont donc des fouhaits à former, pour
qu'une révolution avantageufe au progrès des
fciences développe enfin quelques germes de
vérité, fur le fol ingrat qu'ils cultivent depuis fi long temps, avec tant de conftance,
& fi peu de fuccès.

D'après cela, Monfieur, fi la doctrine de
M. Mefmer étoit véritable, s'il eut pu démontrer cette doctrine par des faits, vous ne
devez pas douter qu'il n'eût trouvé parmi nous
autant de partifans qu'il y a rencontré d'adverfaires. Je fais qu'il eft mille circonftances où
la vérité même que nous avons defirée avec
le plus d'ardeur, nous importune & nous
bleffe, dès qu'elle s'offre à nos regards. Je fais
que l'orgueil, l'envie, l'intérêt perfonnel, le
defir de dominer ou de nuire, peuvent quel-

C

quefois dicter les réfolutions des hommes efti-
més les plus fages ; mais , prenez-y garde ,
ce ne fera jamais que d'une maniere momentanée , ce ne fera pas fur-tout, lorfque, pour em-
braffer le parti de l'erreur , il nous faudra
combattre , ou étouffer la Nature.

Ainfi des hommes deftinés à foulager l'humanité fouffrante, qui ne s'occupent que des
moyens de diminuer la fomme des maux phyfiques auxquels elle eft en proie , dont la pitié eft à chaque inftant exercée par toutes les
fcenes de défolation & d'effroi que la trif-
teffe , la crainte , l'efpérance trompée, peuvent développer fous nos yeux ; des hommes
qui ne vivent , pour ainfi dire , qu'avec la
peine & la douleur, qui n'exiftent que pour
gémir & confoler , vous ne croirez pas ,
Monfieur , qu'ils puiffent devenir jamais affez
infenfibles , fe dépouiller affez de toute efpece
de morale & de probité , pour facrifier à des
confidérations de gloire ou de fortune, ou,
ce qui feroit bien plus condamnable , à un
efprit de Corps mal-entendu, l'intérêt de l'efpece humaine toute entiere.

Et pourquoi ne le croirez-vous pas ? Parce
que tant d'indifférence & de méchanceté ne

font pas dans la nature ; parce qu'il n'y auroit nulle proportion entre l'énormité du
crime dont il s'agit ici, & le befoin que les
hommes dont nous parlons pourroient avoir
de le commettre ; parce que pour plufieurs
ce befoin affreux n'exifte pas, & que s'il étoit
poffible qu'il déterminât quelques uns d'entre
eux, il y auroit non feulement de l'injuftice,
mais de l'abfurdité à fuppofer, qu'il pût devenir le principe des démarches du plus grand
nombre.

Or fi votre cœur repouffe une opinion fi
cruelle, d'après la maniere dont nous en
avons agi avec M. Mefmer, examinons enfemble, Monfieur, quelle eft l'idée que vous
devez vous former de fes connoiffances.

Comment avons-nous traité M. Mefmer ?
Loin d'aller au-devant de lui comme au-devant d'un homme qui nous apportoit une
grande vérité, nous l'avons profcrit de la
maniere la plus folemnelle dans la perfonne
de celui de nos Docteurs qui, féduit par fes
preftiges, s'eft chargé de les annoncer & de
les répandre.

Et quel étoit le crime de ce Docteur ?
Comme plufieurs de fes Confreres, il avoit

ſuivi M. Meſmer dans le cours de ſes expériences ; comme eux , il avoit été témoin de
ſaits en apparence extraordinaires ; comme
eux , mais plus long temps qu'eux, il avoit
penſé que ſoit que M. Meſmer employât ,
pour produire ces faits, quelques-unes des
cauſes dont la Phyſique moderne a découvert l'exiſtence ; ſoit que lui-même il eût apperçu dans la nature une cauſe encore incon-
nue, perſonne plus que lui ne méritoit les
regards des Savants , & ne devoit exciter
leur attention. En conſéquence il crut devoir publier ce qu'il avoit vu; il lui parut
même qu'il y auroit plus que de la mauvaiſe
foi à le diſſimuler. Vous ne voyez là , j'en ſuis
ſûr, Monſieur, ni délit, ni faute, & cependant notre Faculté , c'eſt-à-dire une Compagnie d'hommes graves qui peuvent bien
ignorer beaucoup de choſes en Médecine, mais
qui du moins ſont inſtruits des premieres
regles de la morale ; mais qui connoiſſent
tout le prix de l'opinion, & qu'on doit ſuppoſer incapables de la bleſſer dans leurs démarches & dans leurs Jugements : eh bien !
cette Compagnie d'hommes graves , délibé-
rant ſur l'Ouvrage de M. d'Eſlon, lui enjoint

de défavouer toutes les chofes que cet Ouvrage renferme, & lui déclare que fi, dans
l'efpace d'une année, il ne fournit le défa-
veu qu'elle exige, elle ne le comptera plus
au nombre de fes membres.

Je ne me permets aucune réflexion fur les
conféquences de cet arrêt. Il faut donc que
M. d'Eflon, après avoir dit qu'il a vu, déclare qu'il n'a rien vu ; il faut qu'il publie
qu'il a voulu tromper ; que les faits qu'il
rapporte font faux; & quand il aura établi
d'une maniere authentique qu'il eft un frip-
pon, la Faculté s'empreffera de le recevoir
dans fon fein, & le maintiendra dans tous
les honneurs dont elle menace de le dépouiller.

Il y a bien là quelque chofe de ridicule.
Mais je ne vois cette affaire que dans fes
rapports avec la prétendue découverte
de M. Mefmer, & voici comme je raifonne.

Je vous ai prouvé qu'il ne pouvoit pas
fe faire que nous fuffions déterminés, dans
nos délibérations, par un autre motif que
par l'intérêt toujours préfent de l'humanité,
parce que, nous fuppofer un autre motif,

c'eſt nous accuſer d'un crime impoſſible à commettre.

Or, dans la circonſtance actuelle, qu'exigeoit de nous l'intérêt de l'humanité ? Que nous examinaſſions avec l'attention la plus ſcrupuleuſe la nouvelle doctrine qu'on nous annonçoit; que puiſqu'on prétendoit appuyer cette doctrine ſur des faits, nous nous occupaſſions du ſoin de vérifier ces faits & d'en conſtater l'exiſtence.

Mais, ſi telle étoit l'obligation qui nous étoit impoſée, nous l'avons infailliblement remplie. Perſonne, il faut en convenir, ne nous a vu procéder à l'examen dont il s'agit; mais il n'en eſt pas moins vrai que nous y avons procédé, car nous ſerions coupables, ſi nous nous en étions diſpenſés, & l'on ne peut ſans abſurdité nous préſumer coupables.

Il eſt donc certain que le jugement que nous avons porté contre M. Meſmer, dans la perſonne de M. d'Eſlon, a été précédé d'une diſcuſſion ſuffiſante pour parvenir à la découverte de la vérité.

La vérité qu'il falloit découvrir ici étoit l'exiſtence ou la non exiſtence des faits avancés par M. Meſmer.

Or ce Jugement déclare ces faits non exif-
tants ou faux.

Donc ils n'ont jamais exifté, donc ils ne
peuvent être vrais ;

Donc M. Mefmer n'eft plus un homme de
génie qu'il faille refpecter , mais un homme
à preftiges qu'il faut ou méprifer, ou punir.

Ce raifonnement qui repofe tout entier fur
le défintéreffement bien connu avec lequel
nous exerçons notre profeffion , paroît ici
d'une fi grande force , que je n'ai vu perfonne
effayer d'y répondre.

Voilà donc la doctrine de M. Mefmer
jugée fauffe , d'après notre maniere d'agir
avec lui. Voulez-vous , Monfieur , porter fur
cette doctrine un jugement encore plus fé-
vere , jetez les yeux fur la conduite de
M. Mefmer lui-même , depuis qu'il a voulu
devenir pour l'Europe favante un objet de
curiofité.

Obfervez bien l'homme que la fortune
deftine à occuper une grande place dans
l'opinion des hommes. Une inquiétude va-
gue , une forte d'impatience & de mal aife
général le tourmente jufqu'à ce qu'il ait
apperçu le point d'où il doit s'élancer dans la

carriere qu'il lui eſt donné de parcourir : tant
qu'il n'eſt pas parvenu à ce point, tant
qu'il eſt réduit à diffimuler, fous des dehors
ordinaires, l'ame active & profonde qui le
meut, vous le voyez s'agiter, s'irriter, fouffrir ; fes idées, fes fentiments le fatiguent
comme des befoins qu'il ne peut fatisfaire ;
trop grand pour obéir à l'envie, cependant la
gloire d'autrui l'importune ; c'eſt Sylla qui
s'indigne des triomphes de Marius ; c'eſt
Céfar qui pleure fur les victoires d'Alexan-
dre ; la confcience de ce qu'il eſt, de ce
qu'il pourra devenir un jour, le porte à
développer par-tout un caractere d'audace &
d'énergie bien au-deſſus des circonſtances
dans lefquelles il eſt placé ; fa modeſtie même
n'eſt que l'orgueil qui s'afflige ou fe tait, &
pour lui le repos ne commence que lorfqu'échappé à tous les obſtacles, il a franchi
l'intervalle obfcur qui le féparoit de la re-
nommée.

Or fi tels font les hommes qui influent fur
les opinions & les événements de leur fiecle ;
fi, pour me fervir d'une expreſſion de Tacite,
la gloire eſt leur premier befoin & leur derniere paſſion, que faut-il penfer de la patience, de la tranquillité, fur-tout de la mar-

che myſtérieuſe de M. Meſmer ? Rien de plus étonnant que ſa découverte, rien qui ſuppoſe, ſi elle eſt certaine, un eſprit plus vaſte, plus élevé. Un nouveau ſyſtême du monde, une Médecine nouvelle, peut-être une autre théorie des ſenſations & des idées, peut-être auſſi une morale plus univerſelle & plus vraie que celle que nous connoiſſons : voilà ce que doivent attendre de M. Meſmer, ceux qui ont bien étudié toutes les conſéquences de la découverte qu'il annonce ; & lorſqu'il ne tient qu'à lui de ſe placer à la tête des Savants de ſon ſiecle, quand il le peut, quand il le doit, quand les événements le lui commandent ; quand, en un mot, placé entre la gloire & l'infamie, il n'eſt peut-être pas le maître de choiſir entre la réputation de grand homme & celle d'impoſteur ; comment ſe fait-il qu'il reſte dans une volontaire obſcurité, & quels peuvent être les motifs de ſon ſilence ?

Car enfin vous devez ſuppoſer à M. Meſmer une ſenſibilité égale aux talents dont vous le croyez pourvu. Le cœur eſt le foyer du génie, & ce ne ſont pas les hommes ſur leſquels l'opinion publique n'a point d'empire, qui diſent ou qui font de grandes choſes. Or ſi, au commencement de ſa carriere,

M. Mefmer a cru devoir faire un myftere de
fa découverte , & fe borner à en conftater
l'exiftence par des faits ; dès l'inftant qu'on
s'eft prévalu de fa maniere d'agir , pour le
confondre avec ces Charlatans qui abufent de
la crédulité du vulgaire , & qui n'ont des
fecrets que pour les vendre ; dès qu'il a vu
l'Europe favante , je ne dis pas héfiter entre
fes adverfaires & lui, mais le profcrire comme
un homme dont les fyftêmes ne valoient pas
la peine d'être difcutés ; dès qu'objet du ridicule ou de la calomnie , lui-même il s'eft
vu preffé par toutes les circonftances qui peuvent exciter à la fois & bleffer l'amour-propre :
certainement , Monfieur , s'il eft un homme
de génie , il a dû parler ; il n'avoit qu'à dire
un mot , & il faifoit rougir les Savants de
leur indifférence , & il ne comptoit plus
d'ennemis , & tous les doutes injurieux à fa
réputation , doutes fi pénibles pour une ame
délicate , étoient effacés. Or ce mot, il ne
l'a pas dit : ne faut-il pas conclure des circonftances dans lefquelles il s'eft trouvé, qu'il
n'a pas pu le dire ?

On me répondra , je le fens bien, que pour
juger M. Mefmer , il faut être dans fa con-

fidence ; que comme on n'a point de données pour apprécier fa découverte , on n'en
a point auffi pour apprécier fa conduite ; que
puifqu'il a déclaré que toutes les circonftances ne lui conviennent pas , pour publier
la théorie des phénomenes que la nature opere
par fes mains , on ne fera bien fondé à le
blâmer qu'autant que , placé dans les circonftances qu'il demande , on le verra toujours
s'obftiner au filence. Ne feroit-il pas poffible
en effet que le fyftême de M. Mefmer , une
fois connu & développé , tout ce qui nous
paroît louche dans fa conduite , devînt , en
s'éclairciffant , une preuve de fon jugement
& de fa prudence ? Ne feroit-il pas poffible
alors que ce mépris pour l'opinion publique ,
cette indifférence pour les outrages que nous
lui reprochons , ne fût en lui que la patience
d'un homme de génie , qui , dans une époque
de fa vie , facrifie tous fes reffentiments au
fuccès de la révolution qu'il médite , parce
qu'il apperçoit , dans une autre époque , le
moment de fa gloire & de fa vengeance ?

J'adopterois ces réflexions, Monfieur, fi
je ne favois, qu'au moins une fois M. Mefmer

a été le maître de difpofer des événements à
fon gré. Quoiqu'aient fait nos Docteurs pour
le fouftraire à l'œil du Miniftre qui balance
avec tant de gloire & de fuccès les deftinées
de la France, ils n'ont pu empêcher qu'il
n'ait vivement excité fon attention. Confer-
vant, dans un âge avancé un efprit avide de
connoître, & ne voyant, dans le fyftéme de
M. Mefmer que le germe d'une révolution
utile, le Miniftre dont je parle n'a rien négligé pour le fixer parmi nous, & l'engager
à nous donner le fecret de fa doctrine; il
lui a fait, au nom du Souverain, les offres
les plus brillantes & les plus honorables, &
M. Mefmer, qui devoit être empreffé de
fortir de fon équivoque & myftérieufe obf-
curité, a refufé ces offres, fous le vain prétexte, qu'en les acceptant, il ne fe trouveroit
pas encore dans une fituation propre à développer fa méthode avec fuccès. Oh! Monfieur, que penfez-vous de ce prétexte?
M. Mefmer feroit-il donc comme la Sybille
de Tarquin, avec laquelle il n'étoit pas
permis de contefter fur le prix qu'elle mettoit
à fes oracles? N'y auroit-il en effet pour

lui qu'une feule fituation convenable (6) ? ou
plutôt n'eft-il pas ici plus clair que le jour
que ce n'eft que parce qu'il a craint de fe
compromettre avec le Gouvernement, qu'il a
rejeté fes bienfaits ?

Je ne fais, Monfieur ; mais, après cela,
il me femble qu'il faut avoir une bien grande
difpofition à croire, pour regarder le Magnétifme animal comme une chofe exiftante.

---

(6) Voilà, par exemple, ce que perfonne ne pourra fe
perfuader : que M. Mefmer prenne des précautions pour publier fa doctrine, puifqu'elle n'a aucun rapport avec les doctrines reçues, puifqu'elle peut nuire univerfellement à une
claffe d'hommes qui ne vivent que des erreurs qu'il fe pro-
pofe de détruire ; c'eft là certainement un acte de prudence :
mais qu'il ait une telle idée du crédit des Médecins & de
leur influence, fur l'opinion publique, qu'il prétende, que toute
l'autorité du Gouvernement ne fuffit pas pour le garantir de
leurs pieges ; qu'il penfe que les Médecins pratiquant un art
menfonger, trompant tous les jours, & fachant qu'ils trom-
pent tous les jours, ont pour nuire des reffources &-une volonté qu'on chercheroit vainement dans d'autres profeffions ;
qu'en conféquence, plein de reconnoiffance, s'il faut l'en
croire, pour les offres qui lui ont été faites, mais averti
par une expérience de plufieurs années, il s'obftine à vouloir
qu'on lui compofe une maniere d'être tellement indépendante
qu'aucun événement public, aucune intrigue particuliere ne
puiffe la troubler : c'eft, felon moi, pour échapper à une
fituation embarraffante, exiger exprès une chofe impoffible ;
c'eft exagérer des obftacles, pour fe difpenfer de les combattre

Cependant je ne veux rien taire. Voici, contre tout ce que je viens de dire, une objection que bien des gens ont trouvée spécieuse, & qui, en effet, au premier coup-d'œil, ne paroît pas facile à résoudre.

Le Magnétisme animal ayant été annoncé comme un remede, ce n'est, nous dit-on, ni au caractere moral de M. Mesmer, ni à la conduite de ses adversaires, mais uniquement aux effets qu'il peut produire qu'il faut avoir recours pour en établir l'existence.

Or, il est certain que M. Mesmer, en l'employant dans les maladies les plus opiniâtres, a obtenu & obtient encore d'éclatantes guérisons.

Et ce fait est prouvé, d'abord par l'aveu de tous ceux qui ont écrit contre M. Mesmer. Vous les voyez bien tourner en ridicule, ou dissimuler les cures qu'il a faites ; mais aucun, comme vous l'avez déjà remarqué, ne les nie positivement ; plusieurs même, ou plutôt presque tous, conviennent qu'elles sont véritables.

Ce fait est encore prouvé par une anecdote assez connue : on se rappelle l'expérience singuliere que M. Mesmer nous proposa, il y a environ une année ; il demandoit qu'on choisît vingt-quatre malades, dont douze feroient confiés à ceux de nos Docteurs, qu'il plairoit à notre Faculté de choifir ; & douze feroient abandonnés à fes foins : il ajoutoit, que ceux qui lui écheoiroient en partage, feroient guéris plus promptement, & d'une maniere plus efficace que les autres ; & en conféquence, il vouloit qu'on fufpendît tout jugement fur fa découverte, jufqu'à ce que l'événement qu'il annonçoit eût décidé, laquelle de fa méthode ou de celle de fes antagoniftes, étoit la meilleure. Nous refusâmes le défi. Ne l'aurions-nous pas accepté, fi nous avions été perfuadés que M. Mefmer n'étoit qu'un homme à preftiges ; fi nous avions cru férieufement, comme nous le publions aujourd'hui, que les cures qu'il fe vante d'avoir opérées, ne font que des illufions ou des chimeres ?

Il n'y a donc pas lieu de douter, continue-t-on, que le Magnétifme animal ne produife des effets certains. Or, il y a plus que de l'abfurdité à nier l'exiftence d'une caufe dont on a les effets fous les yeux : donc les effets du Magnétifme animal étant démontrés, l'exiſtence de ce même Magnétiſme ne peut être miſe en doute ſans extravagance.

Je le répete, Monſieur, cette objection eſt ſpécieuſe ; mais vous voyez, comme moi, qu'elle ne peut être fondée, qu'autant que les preuves ſur leſquelles on appuie le fait général qui en eſt l'objet, ſeront inconteſtables.

Or, la ſeconde de ces preuves ne ſignifie abſolument rien. Ce n'eſt pas, comme on l'aſſure, à la crainte que M. Meſmer nous a inſpirée qu'il faut attribuer le refus que nous avons fait d'accepter ſon défi. Un pareil motif ne pouvoit prévaloir ſur l'intérét de l'humanité entiere. Mais nous avons penſé qu'il ne convenoit point à un Corps qui a une exiſtence morale & politique dans l'Etat, de ſe compromettre avec un individu iſolé, quels que fuſſent d'ailleurs ſes talents & ſes connoiſſances ; bien ou mal nous nous ſommes comparés à Turenne, qui, après avoir porté l'incendie dans le Palatinat, refuſa, ſans rien perdre de ſa gloire, le cartel du Souverain malheureux, dont il venoit de ravager l'héritage ; & il nous a paru, qu'entre tous les moyens d'établir ſa doctrine, M. Meſmer ayant choiſi préciſément le ſeul

que

que nous ne pouvions adopter fans nous manquer à nous-mêmes, nous étions pleinement difpenfés de lui répondre. On ne peut donc rien conclure en faveur de M. Mefmer, de notre maniere d'agir dans cette circonftance.

Quant à la premiere preuve, voici ce qu'il faut en penfer.

On peut bien avouer, fi l'on y eft contraint, que M. Mefmer a opéré & opere encore tous les jours des cures véritables ; mais cet aveu ne détruit pas le jugement que nous avons porté de ces cures, lorfqu'on a voulu s'en prévaloir pour prouver l'exiftence du Magnétifme animal. Alors nous avons dû les déclarer fauffes, parce qu'on les faifoit dépendre d'une caufe abfolument chimérique , & que nous n'appercevions rien qui nous démontrât cette dépendance (7).

____

(7) J'ai dit plus haut que les faits avancés par M. Mefmer étoient faux, & ici je parois avouer qu'ils font vrais. On conclura de là que je tombe dans une contradiction manifefte, & l'on fe trompera. Ces faits font faux en tant qu'on les fuppofe produits par le Magnétifme animal ; ils deviennent véritables, dès qu'on les attribue à une caufe différente. Voyez fur cette maniere de diftinguer, *Sanchez, Tambourini, B..-Jembaüm* , & les Cas de Confcience de *Sainte-Beuve.*

D

A quelle caufe, me direz-vous, falloit-il donc les attribuer ? A quelle caufe, Monfieur ? A la plus puiffante de toutes, à la plus ordinaire, quoique la moins remarquée, à celle dont il faudroit le plus étudier l'influence, & dont on a trop négligé jufqu'à préfent d'obferver les effets, à l'imagination.

Oh ! comment croire qu'avec le fimple fecours de l'imagination, on puiffe guérir des obftructions, des rhumatifmes, des paralyfies, rétablir un eftomac délabré, diffoudre des glandes fquirreufes, donner la faculté de voir, d'entendre, de toucher, &c. Car M. Mefmer opere tous ces miracles? Comment le croire, Monfieur ? Ecoutez bien ceci.

N'eft ce pas à notre imagination tourmentée par tous les befoins que la fociété nous donne, par toutes les circonftances douloureufes ou pénibles, dans lefquelles la fortune nous jette, que nous devons la plupart des maladies qui nous dévorent ? Sous l'empire de la nature, avec des befoins qui ne fatiguent pas notre fenfibilité ; des defirs qui ne deviennent jamais pour nous des paffions, parce qu'ils font toujours faciles à fatisfaire, fi vous exceptez quelques excès que de trop longues privations peuvent produire , quelle autre maladie connoîtrions-nous que la vieilleffe ? Le temps & la réfignation , voilà les feuls Médecins de l'homme fauvage ; parce que fes maux font fimples comme fes befoins ; parce qu'aucune habitude vicieufe ne déprave fa robufte organifation ; parce que la mort n'eft pas pour lui , comme pour nous , le terme d'une maladie quelquefois longue & cruelle, mais la ceffation du mouvement qui le faifoit vivre. Or, fi nous devons à nos inftitutions prefque tous les maux phyfiques auxquels nous fommes en proie ; fi c'eft à notre imagination exercée d'une certaine maniere qu'il faut les attribuer ; pourquoi ne croirons nous pas que cette même imagination exercée dans un fens contraire, devient capable de les détruire ? Pourquoi la même quantité de force employée pour produire un effet, ne fuffiroit-elle pas pour l'anéantir ? Et fi l'on ne peut ici me contefter mes principes, où feroit la raifon qui porteroit à n'en pas admettre les conféquences (7) ?

____

(7) Malgré la force de ce raifonnement , beaucoup de per-

D ij

Revenons donc au vrai, & concluons que, foit qu'on s'arrête à l'opinion de nos Docteurs fur le Magnétifme animal, foit qu'on difcute la conduite de M. Mefmer pour trouver l'opinion qu'il en a lui-même, il demeure certain que ce Magnétifme n'eft pas plus exiftant qu'il n'eft poffible.

Maintenant, & dans le cas où cette découverte ne feroit pas une chimere, ne conviendroit-il pas de la profcrire comme pouvant produire une révolution dangereufe ?

C'eft la derniere queftion que j'ai promis d'examiner.

---

fonnes, je le fens bien, auront de la peine à croire qu'on puiffe vaincre une maladie chronique, c'eft-à-dire fondre des obftructions anciennes, épurer des humeurs dépravées, forifier des organes affoiblis, par le fimple fecours de l'imagination; ils demanderont fi l'on a jamais vu une feule colique appaifée, une fievre éphémere diffipée par ce fingulier remede. Il y auroit à tout cela bien des chofes à répondre, & ce fera la matiere d'un Ouvrage abfolument neuf, dans lequel je prouverai jufqu'à l'évidence qu'on peut employer l'imagination comme acide, ou comme alkali, fuivant les diverfes circonftances des maladies qu'on eft dans le cas de traiter. En attendant, je dois dire ici que j'en ai obtenu de très-bons effets, en la prefcrivant comme eau de poulet, ou eau minérale, dans les paralyfies opiniâtres & les maladies nerveufes. Voyez encore l'Ouvrage de M. de Horn.

III°. Or, Monſieur, ſur cette queſtion, voici tout mon ſyſtême : je dis mon ſyſ-tême, car je dois vous prévenir que l'opinion que je vais développer eſt à moi, & qu'elle n'a parmi nous d'autres partiſans que ceux de nos Docteurs, qui, s'élevant au-deſſus des préjugés de leur profeſſion, regardent la Médecine comme une inſtitution qui appartient autant à la Politique qu'à la Nature, comme une inſtitution qui n'intéreſſe pas moins l'homme conſidéré comme un être phyſique qu'il faut conſerver, que comme un être moral qu'il faut conduire.

Voici donc tout mon ſyſtême.

C'eſt dans notre conſtitution phyſique que la Nature a dépoſé tous les germes de nos habitudes morales. Ces grandes différences qu'on remarque entre les préjugés & les Coutumes des peuples qui vivent ſous des zônes oppoſées, c'eſt dans le climat, dans des circonſtances purement locales, qu'il faut en chercher la premiere origine. Ce n'eſt auſſi que dans le cours plus ou moins réglé de nos humeurs, dans la plus ou moins grande mobilité de nos fibres, dans une dif-

pofition plus ou moins prochaine à être ému
ou irrité par les objets qui nous environnent ,
qu'on peut trouver la raifon de cette prodi-
gieufe variété de caracteres qu'on obferve
tous les jours dans la fociété , & qu'on ne
fuppofe pas devoir exifter parmi des êtres,
que les mêmes befoins , les mêmes loix , une
même éducation raffemblent.

Tout changement, toute altération dans
notre conftitution phyfique , produifent donc
infailliblement un changement, une altération dans notre conftitution morale.

Il ne faut donc quelquefois qu'épurer
ou corrompre le régime phyfique d'une Nation
pour opérer une révolution dans fes mœurs.

On fait tout ce que les Egyptiens, les
Perfes, les Spartiates dûrent de force & de
vertu, au genre de vie fobre & auftere que
leurs Légiflateurs leur avoient impofé ; on
fait auffi que le moment de la dépravation
de leurs mœurs, fut celui où ils commen-
cerent à porter avec impatience le joug des
inftitutions falutaires auxquelles leurs peres
s'étoient affervis.

Cela pofé, fi le but des hommes qui fe
raffemblent dans un même lieu eft de vivre

en société, si la société est dans l'ordre de la Nature, il est évident qu'il n'y a de ré-volution utile dans la constitution physique d'une Nation que celle qui tend à développer dans les individus qui la composent, toutes les habitudes propres à les rapprocher & à les unir.

Or, Monsieur, comment se forment de telles habitudes?

Tant que nous n'avons d'autres besoins que ceux de la Nature, comme il est assez rare qu'il nous faille recourir à la volonté d'un autre pour les satisfaire, nous existons sans rapports constants avec les êtres qui nous environnent, & les habitudes qui résultent de ces rapports ne nous sont pas connues.

Les choses changent, lorsque la masse de nos besoins s'accroît. Avec plus de desirs & les mêmes facultés, il nous faut, pour jouir, ajouter à nos forces, une force étrangere. Ce n'est plus en nous seulement que nous plaçons la vie, mais aussi dans tous les êtres qui, en contribuant à nos plaisirs, peuvent améliorer notre destinée. Alors notre solitude nous pese, nous sentons la nécessité d'être ensemble, & avec cette nécessité commencent toutes les habitudes fans lefquelles la fociété humaine ne fubfifteroit pas.

Maintenant, Monfieur, tous les hommes font-ils fufceptibles au même degré, d'acqué·rir des habitudes ?

Non. Ce n'eft pas dans toutes les ames que fe développent avec énergie les affections douces que fuppofent nos habitudes fociales, & qui, comme par autant de fibres, nous attachent à toutes les parties de l'Univers moral dans lequel nous exiftons. Ce n'eft pas non plus pour tous les hommes que font faites les fituations fortes, les paffions orageufes, tous les événements qui im·priment à l'ame un ineffaçable & grand ca-ractere. Celui, par exemple, qui n'obéit qu'à des fenfations paffageres, qu'un fouvenir pénible n'a jamais tourmenté, qui ne con-noît ni l'efpérance, ni la crainte, ni les re-grets, qui n'a pas befoin d'émotions pour vivre & pour être heureux, cet être, s'il exifte, dans quelque fituation que la fortune le jette, n'aura certainement ni caractere, ni mœurs, ni habitudes. Il ufera des hommes fans les aimer, ni les haïr; il vivra dans la fociété, mais à coup sûr il n'eft pas né pour elle.

Indépendamment de toutes les circonftances qui peuvent dépraver nos premiers
penchants, le plus fenfible de tous les hommes
en eft donc aufli le plus fociable. J'omets ici
beaucoup d'idées intermédiaires. Mais fi vous
doutez de cette vérité , ouvrez les annales
de l'Hiftoire, & vous verrez que nos mœurs
ne font devenues plus faciles & plus douces,
nos manieres n'ont acquis plus de politeffe &
d'agrément , que lorfque nos organes exercés
par toutes les jouiffances du luxe , ont porté
à notre ame des émotions plus délicates &
plus variées , des fenfations plus profondes
& plus fines. Vous verrez que les progrès
de la fociabilité parmi les hommes ont été
les mêmes que ceux des Arts, non pas feulement parce que les Arts , en nous donnant
plus de befoins, nous mettent dans une dépendance plus univerfelle & plus étroite les
uns des autres, mais aufli parce que l'effet des
Arts eft de changer notre conftitution primitive; de donner plus de jeu, plus de mouvement à nos fibres, en multipliant autour
de nous les objets de nos peines & de nos
plaifirs; d'entretenir par ce moyen dans une
action prefque continuelle, la fenfibilité plus

ou moins grande dont nous fommes pourvus,
& de hâter ainfi dans tous les cœurs le déve-
loppement des qualités fociales dont cette
fenfibilité eft la mere.

Une vérité que vous trouverez encore dans
l'Hiftoire, c'eft qu'il n'y a que les hommes
doués d'une fenfibilité très-active, qui aient
fait ici-bas de grandes chofes. Tels ont été
ceux qui ont difpofé d'une maniere violente
& rapide de la deftinée des Nations; ceux
auxquels les Peuples ont dû leurs mœurs,
leur génie & tous les élements de leur
profpérité; ceux qui, en étendant les progrès des Arts, avec de nouvelles fenfations,
nous ont procuré de nouvelles jouiffances;
ceux fur-tout, qui, loin des routes ordinaires
ont trouvé d'importantes vérités, qui n'ont
approché des Sciences que pour y produire
de vaftes révolutions, qui échappant à tous
les préjugés, ont donné à l'intelligence humaine d'autres opinions, d'autres loix, d'autres maximes; en un mot, tous ceux qui
ont exercé une grande influence fur les événements & les idées de leur fiecle.

Or, Monfieur, fi c'eft de l'excès de nos
befoins fur nos facultés que réfultent toutes

nos habitudes fociales ; fi ces habitudes ne fe développent qu'en proportion de notre fenfibilité ; fi nous devons à cette même fenfibilité nos coutumes, nos opinions, nos Arts, tout ce que le génie peut créer pour ajouter à notre exiftence ; & fi, comme je l'ai dit plus haut, il n'eft aucune de nos qualités morales, qui n'ait fon germe dans notre conftitution phyfique ; n'eft-il pas évident que ce n'eft que parce que les hommes n'ont pas tous la même conftitution, qu'ils ne font pas également fufceptibles des mêmes habitudes ?

Quelle fera donc alors la conftitution la plus favorable au progrès de la fociabilité ?

Jetez les yeux fur cet homme que la Nature a doué d'une conftitution robufte, & qu'on a foigneufement préfervé, dès l'enfance, de tous les événements qui pouvoient y porter atteinte ; avec des fibres qu'il eft difficile d'ébranler, des organes qui ne portent à l'ame que des fenfations groffieres, vous le voyez paffer fans effort d'une fituation à une autre, parcourir les fcenes de la vie fans réflexion comme fans regret, fe donner des relations, parce qu'il a des befoins, mais ne point former d'habitudes , parce qu'aucun objet ne l'émeut affez profondé- ment, pour l'occuper d'une maniere dura- ble ; & fe rapprocher d'autant plus de l'in- dépendance primitive dans laquelle la Nature nous a fait naître , qu'il lui faut moins fou- vent recourir à la volonté d'autrui , pour ap- paifer les defirs qu'elle lui donne.

Remarquez à côté de lui, cet individu tour- menté par une conftitution foible & délicate. Avec des organes extrêmement déliés, avec des fibres dont la mobilité eft quelquefois exceffive , il n'y a pas d'objet qui ne l'émeuve , pas d'événement qui ne le frappe, pas de fituation qui ne puiffe accroître fes peines , ou ajouter à fes plaifirs. Par-tout il a donc ou des fenfations à recueillir, ou des fouhaits à former , ou des jouiffances à pourfuivre. Et que réfulte-t-il pour lui d'une telle ma- niere d'être ? des idées plus étendues, plus variées que n'en aura jamais l'homme né avec une conftitution robufte ; mais auffi des be- foins nombreux, & des forces infuffifantes pour les fatisfaire ; des befoins qui n'ont d'autres bornes que les defirs d'une ame impétueufe, & des forces qui ne répondent pas à ces

defirs. S'il veut vivre & ne pas fouffrir toujours, il faut donc qu'il intéreffe à fa deftinée, tous ceux qui peuvent contribuer à la
rendre plus douce : voilà donc des liens,
des habitudes, & des habitudes d'autant plus
difficiles à détruire, qu'elles importent à fa
confervation, & qu'elles deviennent comme
autant de reffources pour fa foibleffe.

Toutes chofes égales d'ailleurs, il eft donc
certain que moins notre conftitution eft robufte, & plus nous avons de penchant à
vivre en fociété, & plus facilement nous
acquérons les qualités propres à y exifter
d'une maniere avantageufe pour les autres &
pour nous.

Une révolution dans le régime phyfique
d'une Nation qui auroit pour objet de for-
tifier le tempérament des individus qui la
compofent, ne feroit donc pas toujours une
révolution falutaire.

Dans une fociété quelconque, plus les
forces des individus augmentent, & plus la
force commune qui les unit diminue. Or
l'effet d'une femblable révolution eft néceffairement d'accoître les forces particulieres,
au détriment de la force commune. Avec

des organes plus robuftes, nous éprouvé-
rions moins fouvent le fentiment de la peine
& du befoin. Tous nos rapports avec nos
femblables qui ne réfultent que de ce fentiment, toutes les habitudes que ces rapports
enfantent, perdroient donc de leur variété,
de leur énergie ; les mœurs qui nous mettent
dans une dépendance fi douce les uns des
autres ; les Arts qui épurent, qui embelliffent
les mœurs, retourneroient promptement à
leur groffiéreté premiere ; avec une fenfibilité
moins développée, moins active, une intelligence plus bornée, un caractere moins flexi-
ble, une opinion plus décidée de nos forces,
& fur-tout, avec moins d'occafions d'exercer
autour de nous cette pitié dont la Nature
a dépofé le germe dans toutes les ames, &
qui entre comme un élément néceffaire dans
la compofition de toutes nos qualités fociales & de toutes nos vertus ; il nous faudroit
d'autres coutumes, d'autres inftitutions,
d'autres préjugés, & ce ne feroit plus par les
loix qui régiffent des hommes civilifés, qu'il
conviendroit de nous conduire.

Et ici, Monfieur, j'ai une obfervation à
faire, que je crois abfolument neuve. Ce

n'eſt pas ſeulemeni dans nos vertus, dans nos qualités ſociales que la pitié entre comme un élément néceſſaire, mais encore dans toutes nos paſſions, & dans tous les plaiſirs dont nos paſſions ſont la ſource.

Cette femme belle encore, mais dont un chagrin ſecret dévore lentement tous les charmes; que vous voyez chercher autour d'elle avec tant d'inquiétude & d'intérêt, l'homme ſenſible auquel elle a beſoin de confier ſa peine ; qui rejette vos conſolations, mais qui aime tant les pleurs que ſa deſtinée vous fait répandre ; cette femme, qui parle avec des graces ſi touchantes le langage de la plainte & de la douleur, ne vous attache-t--elle pas mille fois davantage qu'une femme dans tout l'éclat de la jeuneſſe & de la beauté, mais non pas, comme celle-là, ſouffrante & malheureuſe. Avec la ſeconde, vous chercherez à jouir ; mais ce n'eſt qu'avec la premiere que vous aimerez à vivre. Elle ſeule ſaura vous donner des habitudes conſtantes, vous inſpirer une paſſion durable, vous faire goûter tous les charmes d'une volupté douce & tranquille. Et pourquoi? parce qu'elle exerce ſans ceſſe votre ſenſibilité; parce que vous ne pouvez la voir fans être ému ; & qu'il n'eft point d'émotion, quand elle n'eft pas trop vive, qui ne foit déjà ou qui ne devienne bientôt un plaifir (8).

Où me conduifent ces réflexions, Monfieur? A vous prouver que fi l'on s'obftine à confidérer la Médecine comme un fléau dans l'ordre de la Nature, elle eft cependant un bien dans l'ordre de la fociété. Puifqu'il n'y a que les conftitutions foibles qui peuvent être conftamment modifiées par les Loix, les Arts & les mœurs ; puifqu'avec une organifation plus ou moins délicate, nous avons une intelligence plus ou moins étendue, une ame plus ou moins fenfible, une difpofition plus ou moins grande à nous attacher à tout ce qui nous environne ; puifqu'encore, en faifant une analyfe raifonnée de nos plaifirs, nous trouvons, qu'à l'exception des plaifirs pure-

______

(8) Je ne conçois pas comment on peut aimer long-temps une femme qui fe porte bien ; c'eft toujours la même joie , les mêmes befoins, le même plaifir ; rien qui interrompe la fatiguante uniformité de fon caractere ; point de caprices , point de faillies ; des idées d'une feule couleur, des fentiments d'une feule efpece ; un roman fans morale, où l'on rencontre quelques fituations , mais où l'on chercheroit vainement de l'intérêt, de la délicateffe & de la grace.

ment

ment phyſiques, tous ceux qu'il nous eſt donné de goûter, c'eſt la pitié ſeule qui les produit : vous devez m'accorder, Monſieur, que
ſi l'on connoît un moyen d'énerver l'eſpece
humaine, de la réduire à n'avoir que le degré
de force néceſſaire pour porter avec docilité
le joug, des inſtitutions ſociales, de faire,
autant qu'il eſt poſſible, de tous les individus
qui la compoſent, des objets de pitié les uns
pour les autres : ce moyen, après tout ce que
je viens de dire, doit être ſoigneuſement con-
ſervé.

Dès-lors n'eſt-il pas dans les principes
d'une ſaine légiſlation, d'une légiſlation qui
ne doit avoir pour but que de civiliſer les
hommes, de veiller à ce qu'il ne ſoit fait
dans la Médecine, aucune innovation qui la
dépouille de ſes abus ? Si par haſard le Magnétiſme animal exiſtoit; ſi, au moyen de cette
découverte ſinguliere, on pouvoit, comme
je n'en doute pas, ſubſtituer à cette ſcience
que nous appellons ſi improprement l'Art de
guérir, l'Art bien plus utile de préſerver; à
quelle révolution, je vous le demande,
Monſieur, ne faudroit-il pas nous attendre ?
lorſqu'à notre génération épuiſée par des

maux de toute efpece, & par les remedes inventés pour la délivrer de ces maux, fuccéderoit une génération hardie, vigoureufe, & qui ne connoîtroit d'autres Loix pour fe conferver, que celles de la Nature : que deviendroient nos habitudes, nos Arts, nos coutumes, nos paffions, nos plaifirs, en un mot, tout ce qui conftitue notre exiftence morale dans la fociété ? Avec peu de dangers à craindre, peu de befoins à fatisfaire, aurions - nous les mêmes motifs de nous rapprocher & de nous unir ? & tandis qu'une organifation plus robufte nous rappelleroit à l'indépendance ; quand avec une autre conftitution, il nous faudroit d'autres mœurs, parce que nous aurions une autre maniere d'être & de jouir, comment pourrions-nous fupporter le joug des inftitutions qui nous régiffent aujourd'hui ; & fur quelle bafe établiroit-on le fyftême des Loix nouvelles, avec lefquelles on voudroit nous gouverner ?

Ainfi donc, Monfieur, il y a un rapport effentiel entre la légiflation, les mœurs & la Médecine d'un Peuple ; ainfi plus un Peuple eft civilifé, plus il importe d'y maintenir, comme un moyen conftant de civilifation, tous les préjugés qui peuvent rendre la Médecine refpectable ; ainfi, parmi nous, le Corps des Médecins eft un Corps politique, dont la deftinée fe lie avec celle de l'Etat, & dont l'exiftence eft abfolument effentielle à fa profpérité ; ainfi dans l'ordre focial, il nous faut abfolument des maladies, des drogues & des Loix, & les diftributeurs des drogues & des maladies, influent peut-être autant fur les habitudes d'une Nation, que les dépofitaires des Loix (9).

---

(9) On trouvera cette conféquence plus hardie que jufte, & l'on ne manquera pas de m'oppofer l'exemple de la plupart des anciens Peuples, qui portoient avec tant de docilité le joug des plus féveres loix, & chez lefquels néanmoins toutes les inftitutions propres à donner aux corps de la foupleffe & de la force étoient en honneur. On me dira qu'une organifation délicate n'eft pas la même chofe qu'une mauvaife organifation ; que la premiere peut être un préfent de la nature, comme une organifation robufte, c'eft-à-dire que nous pouvons la devoir à des circonftances purement phyfiques ; tandis que la feconde appartient à la fociété, c'eft-à-dire à des inftitutions vicieufes qui font notre ouvrage ; que fi l'une développe la fenfibilité, l'autre la déprave ; que la fenfibilité aigrie par la douleur, la maladie, le chagrin, eft la fource féconde de la plupart de nos vices ; que la fenfibilité trop exaltée par les circonftances morales dans lefquelles la fortune nous jette, eft un poifon lent, qui fe mêle à prefque toutes nos jouiffances ; que fi le but d'une fage légiflation eft de rendre

M. Mefmer, qui ne veut pas de l'influence de nos Docteurs, parce qu'il n'apperçoit que les effets phyfiques qu'elle peut produire, ne nous feroit donc qu'un préfent funefte, fi en publiant fa découverte, il rendoit leur pro-feffion inutile. L'époque de notre retour vers les mœurs barbares de nos ancêtres, feroit infailliblement celle où fa doctrine feroit

---

les hommes heureux, ce n'eft pas à faire des hommes fen-fibles, mais des hommes bons qu'il faut s'attacher. Or nous fommes d'autant meilleurs, qu'il exifte une proportion plus exacte entre nos befoins & nos reffources. Le méchant eft celui qui ne peut pas tout ce qu'il veut. Ainfi donc plus nous ferons robuftes, & moins nous ferons méchants, parce que, comme je l'ai démontré, nos defirs alors feront peu nombreux, & nous manquerons rarement de moyens pour les fatisfaire. M. Mefiner opérera donc une révolution utile dans nos mœurs, en diminuant la fomme des maux phyfiques auxquels nous fommes en proie; il ne détruira pas notre fenfibilité, puifqu'on regarde la fenfibilité comme un bien; mais il la réglera, il empêchera qu'elle ne fe corrompe: dans un corps fain il nous fera trouver une ame faine, & s'il peut s'emparer de nous dès l'enfance, nous lui devrons cette bonté qui eft l'apanage de tout être qui ne fouffre pas, & qui, dans l'ordre de la fociété, vaut encore mieux que la vertu, &c.

Il y auroit à tout cela plus d'une réponfe: mais il faut laiffer quelque chofe à faire à la fagacité du Lecteur. En comparant ce que je viens de dire, avec ce qui m'eft objecté, il démêlera fans peine de quel côté fe trouvent l'abus des faits & le faux emploi du raifonnement.

adoptée. Et que gagnerions - nous en acquérant, aux dépens de tous les biens que la société nous donne, une conſtitution ſaine, à la bonne heure, mais une exiſtence ſtupide & bornée, avec laquelle nous ne pourrions jouir que comme le veut la Nature?

Je borne ici mes réflexions, Monſieur. Il me ſemble que j'ai à-peu-près rempli la tâche que je m'étois preſcrite, & que, ſans m'arrêter à réſoudre d'une maniere directe, les doutes que vous m'avez propoſés, il n'eſt cependant aucune de vos queſtions à laquelle je n'aie ſuffiſamment répondu. Peut-être y a-t-il, dans ma Lettre, quelques articles que j'aurois pu traiter avec plus de ſoin, ou qui méritoient d'être développés davantage. Si ſur ces articles vous deſiriez quelques éclairciſſemens; ſi, en méditant ſur l'exiſtence ou la poſſibilité du Magnétiſme animal, vous trouviez quelqu'objection que je n'euſſe pas prévue, & qui, loin du lieu où M. Meſmer opere ſes preſtiges, vous parût difficile à réſoudre, vous pouvez m'écrire avec confiance, & vous ne devez pas douter que l'eſprit de modération & d'impartialité qui m'a guidé dans le cours de la diſcuſſion pénible à laquelle je viens de me livrer, ne me dicte encore mes réponfes.

J'ai l'honneur d'être, &c.

P. S. Je vous enverrai inceffamment le Difcours que j'ai prononcé dans nos Ecoles publiques, fur le défintéreffement & l'humanité avec lefquels un Médecin doit exercer fa profeffion. On a trouvé ici l'Ouvrage un peu trop dénué de faits, mais en général plein de cette morale raifonnée & de cette philofophie délicate qui caractérifent toutes nos bonnes productions modernes.

F I N.